순대를
존경하다

문학공원
시선131

이금출 시집

순대를 존경하다

문학공원

자서

우선 하나님께 감사드린다
정신없이 앞만 보고 살아왔다
서정주 시인은 나를 이끈 것은 8할이 바람이라고 했지만
나는 나를 이끈 것은 8할이 가족이었다
제대로 엄마 노릇도 못하고
제대로 아내 노릇도 못하고
제대로 자식 노릇도 못하고
제대로 형제 노릇도 못했으면서
뭘 그리 바쁘게 살아왔는지
어느덧 환갑을 넘어서며 뒤를 돌아다본다
늦게 시작한 공부가 힘들지만 너무 행복하다
가슴 속에 주먹만한 북받침이 올라온다
내가 이 자리에 있기까지
살아갈 이유를 만들어준 가족들에게 감사한다
그리고 시의 눈을 뜰 수 있게 가르쳐주신
홍금자 선생님께 감사드린다
시집을 멋지게 꾸며주시고 해설을 써주신
김순진 평론가님께도 감사드린다

2018년 봄

이 금 출 배상

차례

2부. 식당은 성당이다

3부. 고장 난 자전거

4부. 행복을 엮다

작품해설 / 김순진

1부
식탁의 꿈

부엌을 이전하다

튀밥을 뿌려놓은 듯 아카시아 꽃들이 물결치면
우리들의 부엌은 뒷산으로 이전됐다
뒷산 오르면 나무마다 하얀 쌀밥이 달려있어
배부르도록 한 입 가득 먹었다

송충이 헤쳐가며 따던
솔방울 끝에 핀 송홧가루
산딸기며 머루에
우리는 날다람쥐가 되었지
아카시 꽃향기가 퍼지면 떠오르는
그리운 어릴 적 내 친구들
우리들의 유년은 식량이 넘쳐났지

그 추억의 부엌은 여전히 뒷산이다

매실청 항아리

마당가에 난초가 꽃을 피웠다
이때쯤이면 푸른 매실도 익어갈 때
응암시장에 들러 매실 한 박스를 사 자전거에 싣고 왔다
내 사랑도 매실청처럼 숙성돼
음식에도 음료수에도 이곳저곳 쓰여지듯
그대 속에 하나 된다면 좋겠다
내가 하는 말보다
내 말을 잘 들어주는 빈 항아리가 그대였으면 좋겠다
그대의 고운 말 한 항아리 가득 채워
내 마음이 쿵쿵 달아올랐으면 더 좋겠다

사랑은 매실청
고운 말은 빈 마음 채운다

설산

자고 일어나 보니
북한산에 눈이 하얗게 와 있다
내 꿈은 언제나 잡히지 않지만
나는 늘 황홀감에 설산을 오르고 또 오른다
봄날에도 설산을 그리는 사람이 있다
설산에 매서운 눈보라는 당연하다
그대가 녹아 없어지지 못하게
꽁꽁 얼려놓고 싶다
마음속 고독을 녹이고
마음의 복수초를 꽃피우다 보면
내 꿈은 먼 전설이 아닌
현실 속에 이뤄져 행복이 오겠지
나는 오늘도 그대를
북한산처럼 바라본다
그대 마음은 아직 미지로 남아있고
나는 오르고 또 오를 것이다

바위論

내가 가는 길목에 큰 바위가 버티고 있다
바람과 비에도 끄떡하지 않는 바위
어찌 할 수 없지만
나는 밀어내려고 애썼다
계란으로 바위치듯 온몸으로 부딪치며 소리쳤다
다른 길로 달리고 싶던 젊은 날
큰 바위는 내 앞길을 가로막았다
나를 에워싸 먼 곳을 볼 수 없게 만들었다
어느새 내 손은 바위를 미느라 두꺼워지고
내 몸은 구릿빛으로 물들었다
하는 수 없이 큰 바위에 등을 기대어
원망으로 하늘을 바라보았다
순간 깨달았다
나는 기댈 언덕이 있었던 것이다
바위는 나의 요새를 막아주는 성
비바람에도 넘어지지 않고 기댈 언덕
그것은 가족이었다

순대를 존경하다

순대를 만들려고 돼지 창자를 손질한다
속을 뒤집을 때 나는 냄새에
내 몸도 냄새가 밴다
몸에서 나는 냄새야 씻고 화장품을 바르면 없앨 수 있지만
마음에서 냄새나지 않기를 바라며 나는 시를 읽고 쓴다
밀가루와 소금으로 창자를 닦는다
내 마음도 남들이 좋아할 때까지 닦고 싶다
잘 닦은 창자에 신선한 야채와 선지로 속을 채운다
내 창자도 신선한 꿈과 열정으로 채우고 싶다
핏물이 벌건 순대를 찜통에 쪄낸다
어느새 반짝이는 색깔과 쫄깃한 맛으로 바뀌어있다
뜨끈뜨끈한 순대를 딸막딸막 토막내 손님상에 내놓는다
젓가락 부딪는 소리와 막걸리 넘어가는 소리가 들린다
하루일과에 지쳤던 사람들의 순대가 채워지자
목소리가 돼지처럼 힘차고 괄괄해진다

나는 순대를 존경한다
죽어서도 당당히 내면을 채워
서민에게 힘을 주는 순대를 존경한다
순대는 오랜 시간동안 가난을 물리쳐주고
용기를 주는 나의 유일한 스승이었다

식탁의 꿈

아이들이 독립해서 나간 빈자리
쓸쓸한 마음이 들어서인지
남편과 식탁에 앉을 때마다 나는 말이 많아진다
작은 집으로 줄여가고 싶지만
명절 때나 가족들 모일 때를 생각하면 그럴 수도 없다
집이 크니 난방비도 많이 들고
추운 겨울나기에 더욱 마음마저 추워진다
반찬도 대충 먹을 때가 많다
식탁이란 소중한 사람끼리 정을 나누는 곳인데
그런 시간들이 점점 줄어든다
온 가족 둘러앉아 먹던 어린 시절의 밥상이 그립다
할머니의 사랑과 형제들의 만남도 바쁘다는 핑계로 멀어져간다
이제는 남들과 소중하게 식탁을 나누고
정을 베푸는 곳으로 삼고 싶다
오늘은 맛난 음식으로 옛 친구들을 초대해야겠다
저 식탁 위에 푸짐히 음식을 놓고
함께 춤추는 외국 사람들처럼 그렇게 살고 싶다

나는 오늘도 빈 식탁을 닦으며
새로운 꿈을 꾼다

봄을 채우다

북한산 자락이
연둣빛으로 물들고 있다
나는 서오릉의 한 찻집에 친구와 마주앉아
연둣빛 추억으로 물들고 있다
친구와 꽃 사러 다니고 차 마시러 다니던 꽃 추억이
우리들의 입술에서 연둣빛으로 우러난다

차를 마신 뒤 화원에 들러 군자란 연산홍꽃 사다가
아이들의 학교 창가에 놓아두었다
아이들 목소리가 새소리로 들린다
아이들 웃음소리가 꽃웃음으로 들린다
나도 봄 햇살에 마당 가득 꽃을 심고
내 시간이 젊은 봄으로 채워진다

시는 바람이다

내 마음을 흔드는 바람은
내게 잠 못 이루는 밤을 선물했다
향내 나는 봄바람은
내 마음 흔들어 꽃을 꿈꾸게 했다
무덥고 긴 여름의 시원한 산바람은
내 답답함을 날려보냈다
낙엽과 함께 불어온 바람에
내 마음은 갈대처럼 흔들렸다
매서운 바람이 불수록
내 가슴속에서는 뜨거운 열정이 치솟았다

나의 바람은 시를 잘 쓰는 것
시 바람은 어디서 불어올까

안경

나는 눈이 네 개라도
불편한 적 없다

남들은 모르지만
그의 고마움을 난 누구보다도 잘 안다

인생도 마찬가지
불편을 모르는 삶은

고마운 것도
모르는 게지

안경은 글을 모르지만
내 세상을 똑바로 밝혀준다

부석사에서

고즈넉한 목조전 국보18호 무량수전
배흘림기둥에 기대어
눈앞에 펼쳐진 천년 세월을 바라보고 있다
의상대사와 선묘공주의 이루지 못한 사랑이
석등 속에 피어나고 있다
치마폭 펼쳐놓은 듯한 처마 끝자락
버선코 같이 수줍은 지붕 끝선
돌계단 한 층 한 층 올라
안양루에 서면
끝이 없는 무량겁이 곧 일념이요
마음자리 잡아 양식 얻고
하나 속에 일체를 깨닫게 되네

안동 하회탈

그는 세탁소 주인
마음속을 다림질해
구김을 펴주네

그는 포도대장
능청떠는 양반네들
골려주고 야단쳐 보네

나도 그를 집안에 모셔두고
속상 할 때면 그를 만나
크게 한번 웃네

성묫길에서

추석에 성묘를 간다
고향 입구에 들어서자마자
벌써 밤꽃 향기가 멀리서 달려와 코끝에 와 닿는다
마을엔 집집마다 대추가 붉게 익어가고 있다
이맘때면 마디 굵은 어머니의 손은 더욱 바쁘기만 하셨다
들녘에 하얀 서리꽃이 피기 전
빨간 고추 말리고 들깨를 털고
무 배추 뽑아 김장을 담아야 했던 어머니
굽은 허리 펴시며 들깨 같은 땀을 닦으셨던 어머니
황금 들판에서 금쪽같은 자식 키워
빌고 빈 마음 놓아두고 바람 타고 가셨다
들국화가 피어 있는 봉긋한 무덤가
사랑하는 어머니께
마음의 잔을 눈물로 채운다

순댓국

고단한 하루의 노동을 벗고
그를 만난다

땀에 흠뻑 젖은 옷을 걸어놓고
그와 마주한다

그와 마시는 소주 한 병
노동자들의 행복이다

고단하기 그지없지만
진한 국물에 피로를 푼다

그는 서민들의
진정한 친구다

곰돌이1)

너의 눈 너의 코 귀여운 몸짓 하나에
돈으로 살 수 없는 자연이 들어있다

너의 눈 너의 코 귀여운 몸짓 하나에
힘으로 어찌할 수 없는 슬기가 들어있다

너의 눈 너의 코 귀여운 몸짓 하나에
말로 형언할 수 없는 기쁨이 들어있다

말이 통하지 않아도 소통하는 너의 부드러움
사랑에 빠지는 매력이다

그는 순수하게 살 수 없는
우리의 현실을 외롭고 슬프게 한다

순수한 눈동자로 내 마음을 기쁨으로 채우는 너는
우리의 친구이자 스승이다

1) 강아지 이름

개에게도 슬픔의 강은 흐른다

마당 집에서 살던 개가
아파트로 이사 오던 날

털 다 밀고 집안에만 팔자 좋게 사는 개가
시름시름 병이 들었다
목련나무 밑동에 감춰 둔 뼈다귀도 그립고
이웃집 친구들도 보고 싶었을 게다
아파트로 이사 오면서 비만에 게으름만 느는 삶
사는 게 사는 것이 아니었을 게다
온종일 눈만 껌뻑이며
주인의 명령만 기다리는 허수아비 같은 삶
개에게도 슬픔의 강은 흐르겠지
몸도 마음도 슬픔에 젖어
고향집 마당만 그리고 있을 거야

멍멍멍,
멍하니 창밖을 바라보는 것만이 일상인 그가
누구에게나 도시는 회한과 그리움뿐이라고
말을 던지고 있다

거울

거울 앞에서 거울을 닦는다
거울 속에서 내가 맑게 닦이고 있다

마음도 투영되어 나다워지라고
더 맑게 닦는다

구름도 비추고 산도 비추고 바람도 비추어
나에게로 가고 싶다

가슴에 간직한 작은 나의 거울
밝은 빛 반사시켜 나에게 보이고 싶다

욕망과 시기를 거울에 비칠 수 있다면
얼마나 좋을까

무능과 좌절을 미리 비칠 수 있다면
내 마음을 거울에 비출 수만 있다면

내 사랑 로티

말 못하는 로티[2]에겐
눈맞춤이 대화다

너의 그 파란 눈은
핀란드 자작나무밭에서 만난 이국소녀다

너의 귀여운 자태는
초등학교 운동장에서 만난 솜사탕이다

숨겨진 너의 발톱
나에게 스스로를 지키라는 가르침이다

그 고고하고 우아한 자태
전생에 어느 나라 공주님이었을까

너를 보며 지내는 봄밤
나는 네네 미는 상념의 그네를 탄다

---

2) 고양이 이름

시와 기도

너무나 큰일을 만나면 저절로 무릎을 모으고
통곡하듯 기도하게 된다
되돌아보면 누구라도 그런 일들이 있을 터
진정한 기도는 마음 깊은 곳에서 우러나
자기반성으로 이어져야 해
기도는 보이지 않는 몸부림 의지하고픈 손짓이다
사고를 당했을 때 자식이 아플 때 내 자신이 초라해 보일 때
끊임없이 조용한 기도를 올려야 해
고요한 마음의 정원을 가꾸어 그곳을 거니는 내면의 성숙에
한껏 아름다운 소리를 듣는 지혜로운 자로 거듭나야 해

그래서 시는 그런 마음을 달구고 소생시키는 힘이 있어야 해
진정한 시인은 투쟁하는 사람
시인은 사람을 깊이 사랑하기에 어떤 부정이나 사악에도 눈을 뗄 수 없지
사람이 사는 이유는 꿈이 있기 때문인 것
시는 기도여야 하고 기도는 시여야 해

올림픽 선수처럼

티브이에서 운동선수들의 발을 보니
가슴이 아려온다

목표는 메달에 있을 런지 모르겠지만
의미는 땀 흘리는 과정에 있다
국가대표로 선발된 것만으로도
그들은 충분히 금메달감
아무리 힘든 날이 내게 온다 해도
금메달 선수보다 덜 힘들다고 스스로를 위로한다

금메달 따는 선수와 함께 기뻐하니
내가 힘들었던 순간을 견딘 듯하다

우산

필요할 때만 찾는 사람
그 순간이 지나면 기억하지 않는 사람
숱한 만남에도 헤어지면 잊혀져
비닐우산처럼 오래가지 않는 사람
누군가에게 광풍처럼 불어
우산을 뒤집는 상처를 주는 사람
그런 사람은 필요 없다

가을비처럼 쏟아지는 고독에
친구는 가장 좋은 우산이다

2부
식당은 성당이다

소망

– 위안부 할머니를 위한 시

꽃다운 나이 가는 길도 모르는 채
피지 못한 꽃잎처럼 뚝뚝 눈물만 흘렸다

돌돌 물소리는 쉼 없이 흐르는데
내 서러움 씻겨갈 수가 없었다

갈 수 없는 고향생각에 마음만 젖어
보이지 않는 저 길을 혼자 가고 있다

어둠속에 고단하게 끌고 온 시간들
눈물도 말라버려 단단한 대지가 되고

이제는 결코 짓밟히지도 떨어지지도 않는
참꽃으로 피어나고 싶다

자작나무 숲에서

가을이 지고 있다
여름날 뜨거운 사랑의 불씨
자작자작 타올라 은은한 빛으로 변하고 있다
세찬 바람은 누구나 오는 생애 시련
가을이 깊어 가고 있다
미련 없이 떨구는 나뭇잎에 서러워 말자
작은 열매들 사랑에 여물어 소곤거릴 때
우리 가슴 시린 풋풋한 추억도 여물리니
찬바람 불어도 화롯불에 마음 녹이고
은빛 자작나무되어 그대 곁에 서있고 싶네

편지

글을 배우시지 못한 시어머니는
어릴 적 연약한 외동딸로 곱게 자라셨다
6.25동란을 겪으시며 시아버지는 돌아가시고
삼남매를 키우시며 외롭게 사셨다

늦은 나이에 어느 아저씨를 알게 되었는데
그분이 해외로 돈 벌러 가시니 연락할 길이 없었다
내가 결혼해 며느리로 들어오니까
어머님은 나에게 연애편지를 대필해달라고
맛있는 것도 사오시며 부탁하셨다

편지글을 불러주시는 어머니는
소녀 같이 수줍은 마음을 표현하시고
귀국하면 함께 살 집을 그리시며 행복해하셨는데
나중에 알고 보니 그분은 가정이 있었고
어머님은 실망감에 앓아 누우셨다

글을 모르셔서 평생을 힘들게 사셨던 어머니는
끔찍한 손자 손녀 사랑에 살림도 도맡아 해주셨다
살아계실 때는 그 고마움을 헤아리지 못하고
철이 없어 어머님께 잘 해드린 것이 없는 것 같다
내가 며느리를 보고나니 시어머니 사랑도 큰 사랑인데
요즘 사람들은 너무도 함께 사는 정을 모르는 것 같다

천국에 내 편지가 도착할 수 있다면
어머님과 함께 보낸 추억들이 너무 행복했었다고
어머님의 사랑을 이제 조금 알 것 같다고
고백의 편지를 쓰고 싶다

식당은 성당이다

25년째 내 식당 주방에는 불 꺼지지 않고
고기 삶고 내장 속에 야채 넣어
내 마음도 함께 채워간다
자녀 가르치고 이웃과 함께한 사연
어머님과 함께 정으로 키워온
오래된 함경도 순대집

사람들은 식당을 경시하는 경향이 있지만
예배당 음악당 서당 사당 경로당 식당
모든 성스러운 곳에는 당堂자가 들어있다

대를 물려 오시는 손님은 친척 같고
삼대를 내려온 우리 순대집
나도 시어머니가 되고
가끔씩 며느리가 와서 일손을 도와줄 때면
성스런 내 식당이 너무도 자랑스럽다

해바라기 교과서

들판 한 가운데
위풍당당 큰 키로 얼굴 내민 너

교실에서 공부하는
내 모습 닮았네

맑은 이슬 한 모금에
잔잔한 미소 짓는 너

배움에 웃음 짓는
내 모습 닮았네

해를 따라 돌 듯
말씀에 이치를 깨닫는 너

해바라기는 내 모습 같아
고개 숙이는 겸손을 배운다

호스피스 병동에서

한 심장의 울음을
여러 심장이 삼키고 있다

어둠속에서 상처 받은 영혼들이
조용히 숨을 쉬고 있다

야윈 다리에 말 못하는 표정에
포기할 수 없는 그리움

뒤돌아서 눈물을 닦는다
혼자는 살 수 없는 인생이다

생명의 촛불이 꺼져가는 호스피스 병동
가슴속 휘젓는 바람소리가 들린다

찬바람 부는 창가
떨어지는 낙엽에도 눈물이 고인다

가시연꽃을 보며

언제나 그의 탓이라며
이해하는 마음을 바라고 있는 나

나도 누군가에게 상처가 되는 가시였다
나는 나를 감추고 나를 쓰고 살았다

아주 천천히 푸른 하늘빛 보리라
그렇게 부딪치며 꿈꾸며 살아왔다

맑은 강물에 내 마음 씻어 내리면
부끄럼 없이 살 수 있을까

나 내려놓고 그 높인다면
가시연처럼 꽃피울 수 있을까

서리꽃 사랑

소멸되면 흔적도 남지 않는 걸까
살았음에도 잊어야 하는
너와의 추억은 슬프고 외롭다

긴 밤 사이 여러 번의 뒤척임
햇살 퍼지면 사라지는
눈물꽃 사랑이여

만남의 인연으로
머무르고 싶었던 순간들
죽음이라는 운명

떠나가는 사랑이라고
새들과 함께 노래할 때
하느님도 손을 흔드셨다

감

감이 온다
파란 하늘이 강물처럼 흐르고 있다
떫디떫었던 푸른 여름을 감잡아
비바람 불어도 순응하며
단꿈에 스스로 붉어지고 있다
나도 저처럼
감을 잡아
스스로 붉어지고 싶다
붉어지는 감
꿈 한 바구니 담아
침대 머리맡에 두고 싶다

눈 내리는 밤
누군가에 단물 흐르는
가슴이 되고 싶다

겨울나무

눈바람이 가지를 흔들 때마다
속속히 박힌 설움을 단단함으로 채웠다

하얀 눈꽃 이불 삼아
아픔을 감추고 웃어야 한다

더욱 진한 향기와 빛깔을 갖고져
알알이 박히는 꿈을 품어야한다

안에서 피어오르는 온기로
푸른 꿈을 꾼다

이제야 고백하지만

정말 열심히 살아왔습니다
남의 것을 탐하지 않았습니다
스스로를 단속하고 단죄했습니다
마음의 묵은 때 벗기려 애썼습니다
슬픔을 툴툴 털어 널어 말렸습니다
아주 작은 기쁨이라도
솔향기 나는 상자에 담아 간직했습니다

이제 나는 노을빛 물드는 강가에 서 있습니다
가족이 있어 황홀한 시간었습니다
고마웠다고 말하고 싶습니다
열심히 산 내 인생에 가장 큰 수혜자는 나
나는 정말 행복한 사람입니다

고독이라는 말

고독이라는 말은
나와 상관없는 말인 줄 알았습니다
고독이라는 말은
나와 무관한 말인 줄 알았습니다
고독이라는 말은 나에게
일어날 수도 일어나지도 않는 말인 줄 알았습니다
푸르른 시절 지나가려니 스스로 고독의 우물을 팝니다
그 우물을 들여다보며 나의 얼굴을 바라봅니다
구름 떠가는 삶의 텃밭
속은 여리면서 강한 척 소리친들
메아리는 들려오지 않습니다
내 빈 가슴에 무엇 채워도
삶은 구름을 닮아 흐르고 맙니다
노을이 지고 있습니다
돌아오지 못할 꿈이 그리움 되어
파도처럼 밀려오고 있습니다
홀로 견디는 것이 슬픔인 줄을
이제야 알겠습니다

귀향의 꿈

어느 날 꿈에
별이 있는 곳으로 이사를 했다

나는 별이 되고 싶었던 게야
윤동주도 별이 되고
김소월도 별이 되고
박인환도 별이 되었으니
나도 별이 되어야지

시인이라는 것은 별과 동격
하나님을 모르는 삶이었어도
별과 같은 내 몸인 줄은 이제야 알았네
나는 외로운 별이었네
어서 빨리 써야지
시 쓰는 길은 별이 되는 길

천상병처럼 나 하늘로 돌아가는 날
별이 되겠지

나비의 소망

푸르스름한 잠실에서
한 잠 자는 모습이 귀엽다
사각사각 소리를 내며
꿈을 먹는 누에고치처럼
하얀 명주실로 스스로 갇히는 삶이 존귀하다

우리는 모두 자신의 꿈에 매어있다

내 삶이
꿈을 키우고 잠자는 누에고치처럼
세 잠 네 잠 자고나면
고운 실을 뽑아낼 수 있었으면 좋겠다

색색이 수놓은 명주 옷자락에
내 꿈 걸어
화려한 외출 꿈꾸고 싶다

마침내 푸른 하늘을
마음껏 날고 싶다

가을 길을 걸으며

강둑길에 피어있는
달맞이꽃들이 어둠을 걷고 있다
바람소리가 스산함을 덧껴입고 길을 걷는다

총총히 빛나는 별을 세며 걷는 나는
철 늦은 나비의 몸짓이었다

막상 시어가 떠오르지 않아도 좋다
막연히 꼭 갈 곳도 생각지 않는다
늦으면 늦은 대로 가야지
가다가 되돌아온들 무에 대수일까
가슴만 하늘빛으로 곱게 물들여도 좋다

그윽한 가을빛으로 물들어가는 나는

단비가 되고 싶다

비가 내린다
그냥 무색의 비가 내린다

그런데
산은 연초록으로 물든다
그런데
계곡은 물소리를 낸다
아무 영양가 없을 것 같은데
만물이 좋아하는 맛있는 단비
비는 아카시아 꽃으로 단술을 한 가득 빚는
최고의 장인이다

나는 너에게 단비가 되고
너는 나에게 단비가 되자

너와 나 벗되어 향긋한 꽃향기 내뿜으며
힘들고 어려움 내려놓고
부드러움의 열병
그 성장통을 앓아보자

몸을 열다

이른 아침 눈을 뜨면
뒷산을 오르네

전날의 찌든 때가 바람에 날리고
상쾌한 숲 향기는 내 마음을 기쁘게 하네

나뭇잎마다 내 세포에 생기를 주고
아침이슬에 무지갯빛 꿈이 피어나네

숲 향기에 하루의 문을 열고
내 몸도 자연으로 가는 것을 배우네

작은 꽃 한 송이에 입맞춤하며
숲 향기가 그리운 내 몸을 열어놓네

마음의 창

내 마음속에 창문 하나
열어놓고 살겠어요
책갈피 뒤적이듯
마음속 살피면서
창문으로 푸른 바람 들어와
눈물방울 함께 날아가라고
내 마음속에 창문 하나
열어놓고 살겠어요
서로의 그리움이 통하는 창을 내어
바위 끝에 앉은 마음으로 다가가서
그대의 바다가 되고 싶어서
내 마음속에 창문 하나
열어놓고 살겠어요

만학의 기쁨

늦게 시작한 공부가 꿀맛이다
피타고라스며 함수와 연립방정식이 머릿속에서 춤추고
팝송에 내 젊음이 노래하고 있다
세상을 일찍 배워 적당한 슬픔을 지닌 가슴으로
만학들은 서로 진한 우정의 차를 건넨다
눈이 침침한 언니
영어가 안 되는 언니
누구라도 사연을 들으면 드라마가 되고
어린아이처럼 순수함 넘치는 교실은 열정이 피어난다
돌아 돌아서 늦게 만난 배움의 즐거움을
그 어디에 비할까
선생님들의 개성에 웃음꽃이 피고
사는 이치를 다시금 다잡아
역사를 배우며 나의 역사를 기록한다

불광천 벚꽃

불광천 산책을 나갔다
막바지 벚꽃비가 흩날린다
이렇게 벚꽃이 날리는 날이면
오랜 친구를 만나고 싶다
자주 만나지 못하지만
해마다 꽃이 피면 만나자고 했지
나이테 돌리듯 정으로
쌓여진 시간의 계단들
우리 긴 인생길에서
환한 벚꽃처럼 마음 나눌 수 있는 친구가 보고 싶다
벤치에 앉아 카카오스토리를 되돌린다
벚꽃 길 따라 한강까지 걸었던 작년 봄
사진 속 벚꽃이 한가득 피어있다

3부
고장 난 자전거

고사리 오빠

정월대보름에 고사리를 삶는다

제주도 사는 오빠가 직접 채취해 말린 고사리나물
그 부드러움은 오빠를 닮아있다

잘 지내지,
모처럼 들려오는 전화기 속의 오빠의 목소리가
고사리나물의 부드러운 맛으로 나를 사로잡는다

아기의 고운 손가락처럼
형제들과의 추억이 아장아장 걸어나오고 있다

고향의 맛으로 형제는 정을 쌓는다
고사리를 먹는데 귀에서 오빠의 목소리가 들린다

고장 난 자전거

대문 곁에 아버지의 자전거가
누워서 잠을 자고 있다

짐자전거 하나로
우리들의 삶을 실어 나르셨던 아버지

일곱 가솔들의 입성과 먹성을 위해
가득 싣고 오르며 적삼은 축축했을 터

삭아버린 아버지의 육신처럼
던져진 그대로인 채 누워있다

이제는 녹슬어버린 자전거가
세월에 지쳐 쉬고 있다

천생연분

한 자리서 음식점 30년
변함없는 우리는 천생연분이다
10년이면 강산도 변한다는데
더운 여름 훈기 가득한 가스불 앞에서
도 닦는 훈련 삼아 견디고 참는다
땀방울과 지친 몸 저녁이면
시원한 막걸리 한 잔 위로가 된다
그래도 서로를 바라보며 매일 웃는
우리는 천생연분이다

다람쥐 부부

달빛도 잠든 밤
다람쥐 부부가
자전거 네 바퀴 굴리며 집으로 온다
다람쥐 쳇바퀴 굴리듯
다람쥐 겨울 양식 모으듯
머리에 흰 눈이 오기 전
부지런한 손놀림
젊은 날엔 날 다람쥐처럼 몸도 가벼웠는데
해가 갈수록 굳어지고 무거워진다
다람쥐 부부가 힘든 하루 일 마치고
자전거 쳇바퀴를 굴리며 집으로 온다

목련 어머니

어느 봄날 그녀는
화사하게 왔다

그런 그녀가
비바람 한순간에 길을 떠났다

기다란 가지 끝에 하얀 목련꽃은
평생을 외로움과 기다림으로 사신 어머니였다

어머니와의 잡을 수 없는 시간이
목련꽃처럼 지고 있다

내 사랑이여

내 사랑이여
만나지 못해
애를 태우고
보이지 않아
슬퍼했지

내 사랑이여
만져지지 않아
허전한 손
대답이 없어
들리는 이명

내 사랑이여
그대를 만나면
나는 어느새 지저귀네
파랑새 되어
그대의 숲에 살고파

무지갯빛 정

옥상 텃밭에서 키운 상추를
한 움큼 뜯어왔다
찬란한 햇빛 받아
맘껏 자란 넓은 잎사귀
저 상춧잎 속에는
정성들여 키우던 빨주노초파남보
내 무지갯빛 마음이 들어있다
상추 한 잎 보리밥 된장에
가득 정을 싸고 마음 담아 남편에게 건넨다
우리 두 부부의 무지갯빛 정에
더위도 잠시 눈 붙이는 한낮

부부

당신의 여린 마음에
나 때로 돌을 던졌어요
한 배를 타고 노 젓는 일이 힘들어
서로에게 원망도 했지요
무슨 연으로 이 같이 긴 강을
함께 건너며 무지개를 찾을까요
당신의 주름진 얼굴이
더욱 가슴 아픈 날
힘들다 말하지 않고 묵묵히 걸어가는 당신이
마음속으로 울며 겉으로 평온한 당신이
말없이 나를 지켜봐주는 당신이
나를 철들게 합니다

엄마의 아리랑

층층시하 고된 시집살이로
아리랑 고개를 넘었다
서울 간 아버지 소식도 없고
멍든 가슴 안고 붉은 꽃 피어내야 했다

아리랑 쓰리랑 아린 가슴 쓰린 가슴으로
그래도 보릿고개만 넘으면 되겠지
접시꽃 같던 어머니
아이들 색동옷 입혀 친정나들이 꿈꿨다

청천 하늘에 잔별도 많듯
허기진 배 희망을 채웠다
구슬픈 아리랑 가락에 흰 수건 휘저으며
한스런 춤사위를 날렸다

아들에게

아들아
너의 봄이 연둣빛으로 단장하며
함성으로 몰려오고 있다
네가 먼저 손을 내밀어라
현실의 벽에 안주하지 마라
시련은 너의 자양분
새싹을 내어라
마르지 않는 샘물처럼 솟아라
두려움보다 강한 삶에
너의 몸을 던져라
긍정의 힘으로 새 봄을 채워
무성한 여름을 꿈꿔 보아라

아버지와 술

해지는 저녁때면
아버지는 술잔을 기울이셨다
한 잔의 술로
욕망과 결핍을 풀어내야 하셨다
일그러진 하루
가슴속 불기둥으로 치솟는 화산 하나 달래려
소주를 부으셔야 했다
한 잔 술로
미약함과 슬픔을 날려 보내셔야 했다
한 잔 술에
미안함을 감추며 바보 같은 웃음 치켜세워
스스로를 숨겨야 했다

아버지와 진달래꽃

어머니 돌아가시던 그해 봄
산은 진홍색이었다
어린 철부지 오누이들
무덤가에 피어있는 진달래꽃을
묘 앞에 놓고 장난치며 뛰어다녔다
진달래꽃은 푸른 잎이 없어
쓸쓸해 보인다
바람 불고 안개비 내리면
하염없이 먼 산 바라보시던 아버지

그해 아버지 가슴은
온통 진홍빛 진달래꽃밭이었다

갈수록 그리운 엄마

엄마가 안 계신 지금
당신의 온화한 목소리가 들린다
잠자리에 누우면
다독이는 따뜻한 손 느껴진다
이불을 덮으면
엄마의 품속에 안기고 싶다
좋아하시는 안개꽃 붉은 장미
한 아름 안겨드리면 환하게 웃음 짓던 엄마
다시 뵐 수 있다면 얼마나 좋을까
단 하루 만이라도 잘해드리고 싶다
손 꼭 잡고 여행 다니고 싶다
마주보고 누워 잠들고 싶다

푸른 숲 언니

복사꽃 같이 환한 미소에
동생들의 마음은 평안해진다
엄마처럼 늘 세심하게 챙겨주고
무슨 하소연이든 받아주는 언니
아카시아꽃 같은 언니
늘 부지런한 언니가 있어
우리는 든든했지
탐스런 포도처럼 달콤함으로
동생들을 다독이고 감싸 안는 맏언니

언니는 우리에게 아낌없이 피톤치드를 내주는
푸른 숲이다

어머니는 태양

모든 것에는 그림자가 있지만
어머니 사랑에는 그림자가 없습니다
아이들도 남편도 친구도
나에게 그늘을 줄 수 있지만
어머니는 따스함만 줍니다
어머니는 나의 태양이지만
나는 어머니의 그림자입니다
내가 아플 때면
더욱 따스한 빛을 보내시는 어머니
나는 어머니란 뜨거운 태양 아래서
새로운 열매를 맺습니다

두 개의 섬

외로이 떠있는 섬
바다를 건너야 만날 수 있는 제주도 오빠
이 세상 가장 귀한 보물 잃은 오빠 내외
그 외로움 어디에 하소연 할까
자식 앞세운 그 얼굴
웃는 것이 우는 모습으로 보인다

가까이 살면 자주 가서 위로하고 싶은데
푸른 바다 멀리 있는 섬이 원망스럽다
장사한다고 자주 가지도 못하고
일이 내겐 또 하나의 섬이다

외갓집 뜨락에서

전남 영광군 군서면 메산리 구산60번지
엄마가 태어나고 자라셨던 시골집
뒤란에 바람 스치면
대나무밭 사각거리는 소리
오래된 장독대 투박한 큰 항아리들
이백년 넘은 고택 마당에서
족두리 쓰고 혼례 치른 엄마 모습
전설처럼 벽에 걸려 있고
장손 오빠는 이 집을 지키고 있다
전해 듣는 옛날 삶의 동그란 이야기
구름처럼 흩어지고
흙속에 잠드신 꽃 같았던 엄마를
가만히 만나고 있다

파랑새의 꿈

너를 낳고 미역국 먹으며 행복했다
사는 이유에 나는 없었고 모든 것이 너로 통했다
고사리 같은 네가 학교 다닐 때
내 꿈도 너와 함께 자라났다

어느 날 파랑새 되어 훌쩍 떠나버린 너
텅 빈 둥지에 바람 빠진 풍선처럼
내 몸에서 힘이 날아가 버렸다

네 나이 서른 살 넘어도
아직도 어리기만 한데
네가 행복하기만 바라는 해바라기 부모는
네가 너를 닮은 아가와 손잡고 올 때를 그리며
네 힘으로 꽃 피우기를 기다린다

형제

무엇으로도 끊을 수 없는
귀한 연줄이다

같은 배를 타고 온
정해진 운명이다

어쩌면
생을 마감할 때까지

손 놓지 못하는
핏줄의 끈이다

얼굴

꽃들의 웃음소리는
사랑하는 아가의 얼굴
변함없는 사랑은
자애로우신 어머니 얼굴
조용히 흐르는 음악은
존경하는 선생님 얼굴
그윽한 차 향기는
울타리의 나팔꽃 얼굴
바글바글 끓는 된장찌개는
고향집 할머니 얼굴
깊은 숲에 퍼지는 솔향기는
눈매 그윽한 시인의 얼굴

4부
행복을 엮다

신년 해맞이

봉산에 올라가 해맞이를 한다
또 한 해가 힘차게 떠오른다

육십여 번 맞이했던 해
또다시 기쁨과 설레임이 차오른다

살아온 날 뒤돌아보면
살아갈 날 바쁜 마음이 든다

꽃처럼 피어나던 젊은 날보다
지금의 나이 더 아름다운 것을 느낀다

자식들의 연약함을 보듬어주고
자연의 순리와 겸손함 배우는 나이

내 주변이 꽃처럼 사랑받길
내 가족이 또 그러하길

이른 봄

아직은 2월
쌀쌀한 바람 불어도
봄은 오고 있고

아직은 2월
수은주가 영하로 내려가도
내 마음은 따스해지네

사랑을 기다리는 내 맘
거울 비쳐보며
졸고 있던 내 몸을 깨워보네

그리운 사람

말하지 않아도
가슴으로 따뜻함이 느껴지는 사람이 그리워집니다
가끔씩 푸른 산의 흙내음이 그리워지듯
나무 같은 사람이 그리워집니다
그저 마음으로 미소 짓는
그런 사람이 그리워집니다
조용히 흐르는 저 강물처럼
평온한 마음으로 사는 사람이 그리워집니다
가끔씩은 수수한 삶의 모습을
그대로 보여주는 그런 사람이 그리워집니다
때로는 바쁜 생의 여정이 힘들어질 때
가끔씩은 오누이 같은 사람이 그리워집니다
언제든 반겨주는 넉넉한 마음을 가진
마음 따뜻한 사람이 그리워집니다
가끔씩은 둥근달처럼 물끄러미 바라볼 수 있는
그런 사람이 그리워집니다

봄마중

개울에 가보았다
얼음 사이로 물 흐르는 소리가 들린다
봄이 오는 소리다
얼어붙었던 땅속
부활의 몸부림으로 기지개 켠다
은빛 개여울 소리가
임이 오는 발자국처럼 들린다
새순이 솟아나는 힘
환희의 성가되어 출렁이고 있다
버들강아지가 점점 자라고 있다
하늘 향해 초록의 속마음 살포시 보이면
곧 겨울잠에서 새 생명들이 깨어나겠지
나도 분홍빛 차려 입고 하이힐로 땅 두드리며
봄의 징검다리를 건너오는 진달래 마중간다

5월의 장미

몰래 담장을 넘어온
빨간 얼굴의 너는
내 첫사랑이다

청실홍실 엮어서
사랑으로 물들이던 날들
눈부신 태양을 알알이 엮어
가슴에 담은 너
싱그러운 바람을 온몸에 휘감고
사랑을 지키려 창칼로 무장한 너

이슬비 한 자락에
꽃잎 벙그는 너는
첫 키스의 설렘이다

장미의 성분

붉게 흘린 피
예수의 보혈이 흐르고 있다

내 일생 시를 짓고 기도한다 하여도
예수님 말씀 한 마디보다 못하고

희생과 믿음으로 산다 하여도
유월의 장미만 못하네

이 열정과 향기가 외로운 이들에게
희망과 꿈이 되게 하소서

붉은 손 모아
통성기도가 올려지고 있다

여름 풍경

호박꽃 저문 자리
애기호박 자라고
깻잎향기 퍼질 때면
마당가 해바라기 손 흔든다
새벽이슬 밟으며 밭일 나가신 아버지
조반 때 벌써 쏴아쏴아
펌프 물로 등목을 하셨지
야위신 등줄기 얹혀살던 우리 가족
보리밥 된장찌개 폭폭 여름이 익고
툇마루 목침 베고 곤한 낮잠 주무시면
매미소리 들려오는 한낮
구름은 소나기를 몰고 와서
말갛게 여름을 씻어 내놓고

여름휴가

산속 그늘의 시원한 바람
보랏빛 도라지꽃의 모가지를 간질이는지
온 숲이 웃음소리로 방긋거린다
컴컴해지더니
소낙비 한 줄기 쏟아진다
제비들은 내 맘에 이리저리 밑줄을 긋고
청개구리소리가 내 마음을 흔든다
지열 속에 여물던 튼실한 감자들
남사스럽게 반쯤 엉덩이를 내밀고

유리창문 밖으로 그려진
수채화 한 폭

해넘이를 보며

저무는 해에 시야를 걸치고
마음 추슬러 되돌려본다

시나브로 변하는 모습 속에서
오랜 시간 걸어온 길 간직할 수밖에

저무는 해에 마른가지 새순처럼
꿈은 피고 지고 또 핀다

꽃향기 멀리멀리 퍼져가듯
시간이 흐르는 이유로 산다

젊은 날의 소고

달팽이가 상추 속에 숨듯
마당 한 귀퉁이 자리 잡은 늙은 쥐는
채송화 봉숭아꽃에 넋을 놓고 있다

해 지기만을 기다리는 계절의 한낮
돗자리 위에 누워 팝송을 즐기던 날
잠시 쉬어가는 내 젊음이었나 보다

더 이상 견딜 수 없는 폭염
스르르 한 잠 자고 일어난 아가의
방긋 웃는 얼굴로 여름을 달랜다

행복을 엮다

산언덕에서 사글세 살던 생각을 해본다
매일매일 가슴을 압박하며 밀려오던 사글세

사글세가 동쪽에서 떠 서쪽으로 지던 날들이었다
하늘은 온통 허기지고 가난했다

결혼 후 내 생일에 그가 고기 한 근 끊어와
큰 솥 가득 미역국을 끓였다

밤이 되면 산언덕 아래가
별나라에 온 듯 불빛으로 황홀했다

저 많은 집들 중에
우리는 언제나 집을 살까

둘이 누워도 좁은 방이었지만
우리는 구름을 타는 꿈으로 잠이 들었다

지금은 대궐 같은 집
가난했던 이야기가 행복의 책으로 엮어지고 있다

정

내 맘대로 온 것도 아니고
내 맘대로 가는 것도 아니지만

아무것도 모르고 왔다가
가는 날 모르고 가겠지

큰 진리야 하늘이 가르쳐 줄 것이고
나는 꽃을 사랑하고 바람에 순응하리

살다 보면 힘든 날이야 많겠지만
웃는 낯에 정 하나로 살리라

주님의 사랑

부족한 어제는 주님을 몰랐네
부딪혀 깨어져서야 주님을 알았네
이제야 영원한 사랑의 주님을 알게 되니
내 삶이 행복으로 넘치네
내일은 주님께 받은 사랑
전하는 전도자 되어
사는 동안 매일 밤을 만나도
나의 꿈 미래에 걸고 살리라
나의 맘 굽어 살피사
세상에 빛으로 살게 하소서

결혼에 부쳐

이제 무지갯빛 사랑으로 하나 되어
긴 기다림 간직한 향기를 노래하여라
꽃담장 쌓아놓고 보금자리 꾸며
아름다운 꿈을 노래하여라

따스한 햇살에 피어난 그윽한 난 향기
넉넉한 정으로 사랑을 담아 꽃을 피워라
은혜와 감사의 기도를 올려
열매를 맺기 위한 꽃을 피워라

어둠이 올지라도 두 손 꼭 잡고
같은 길 걸어가며 헤쳐 나가라
따뜻한 둥지에서 아름다운 삶
서로가 힘을 합해 헤쳐 나가라

춤

뜨거운 열정
춤추는 내면의 희열로

모든 삶
춤추듯 꽃 나래 펴자

나비되어
하늘하늘

아픔도 없어지고
내 얼굴은 복숭아처럼 영글고

누군가 말했다
춤을 모르는 사람은 무슨 재미로 살까

친구

삶의 중턱
나의 맘 이해하는 벗이 그립다

저마다 쓰라린 상처를 안고 견뎌온
서로의 아픔을 이해하는 친구가 그립다

눈빛만 봐도 통하는 우리는 친구
시기를 모르는 중년의 우정

서로 다른 과일 향기
오모가리 같은 투박함

먼 곳에서 달려온 별빛처럼
우리 우정 그냥 만남이 아니야

추운 날 따뜻한 아랫목 같이
그리운 친구가 되자

가을밤 소묘

낙엽이 비 오듯 떨어지고 있다
마음속 상념들이 흩날린다
고운 염색으로 몸을 단장하며
나무의 속살거리는 소리가 들린다
먼 길을 떠나야 한다
애태울수록 붉어지는 사랑
이별가 부르는 귀뚜라미 소리가 들린다
우수수
바람이 가을의 성적표를 내민다

모처럼 만난 친구와 나는
못 다한 이야기에 별빛 포개어
도란도란 밤을 지샌다

눈 내리는 날

흰 눈이 내린다
마음은 소녀인데
어느새 검었던 내 머리에도
흰 눈이 내려있다
젊은 날 슬픔에 겨워
지워버리고 싶던 흔적들
이렇게 흰 눈이 내리면
아련함에 옛날이 그리워진다
힘들었던 추억들은 거름이 되어
나는 더 꿋꿋한 나무가 되었다
이제 흰 눈이 내려도 좋다
이젠 내가 걸어온 길이
자식들로 길이 나있다

이젠 지워지지 않는 내 발자국을
시집으로 남기고픈 나이가 되었다

작품해설

진실여행, 존경과 흠모의 대상 환치

김 순 진(문학평론가 · 은평문인협회 회장)

진실여행, 존경과 흠모의 대상 환치

김 순 진 (문학평론가 · 은평문인협회 회장)

이금출 시인을 만난 것은 그리 오래지 않다. 그녀가 몇 년 전에 내가 회장을 맡고 있는 은평문인협회에 가입하면서부터다. 만날 때마다 늘 생글생글 웃어주는 이 시인은 그냥 팔자 좋은 부잣집 사모님이거니 생각했다. 그러다 응암역 근처에서 식당을 경영한다는 소문을 들었지만 가깝게 지낼 기회를 가지지 못해 늘 궁금했다. 그런데 그녀가 한국방송통신대학교에 후배로 입학하게 되었다. 학교에서 만난 그녀는 더욱 상냥했고, 나는 더욱 가까운 정을 느꼈다. 그렇지만 고작해야 1년에 한번 발간하는 『은평문학』에서 작품 한두 편을 만나거나 '은평시낭송회 엔솔로지'에서 만난 시를 통해 좋은 시를 쓴다는 느낌만 가지고 있었을 뿐, 그녀의 시세계를 가늠할 수 없었다. 그러다가 이 시인이 우리 출판사에서 책을 내고 싶다고 말을 꺼낸 것은 지난해였다. 그녀는 또 시간을 끌었다. 자신감이 없었던 모양이다. 그런데 2018년이 밝자마자 일본을 여행 중인 내게 그녀는 전화를 했다. 로밍으로 날아든 그녀의 목소리는 여전히 밝았지만, 망설임이 곁든 목소리는 첫 시집을 내는 대부분의 사람들에게 나타나는 자의반타의반의 자조 섞인 목소리였다. '부족함이 많은데 이런 걸 시집으로 출판해도 되겠는지 한 번 와서 가늠해달라'는 말이었다. 나는 일행과 함께 귀국하자마자 이금출 시인이 운영하는 식당으로 찾아갔다. 일본 여행에서 때마다 느끼하고 반찬 없는 음식만 며칠 동안 먹었던 나는 이금출 시인이 내미는 모듬 순대 안주와 칼칼한 순댓국, 푸짐한 깍두기와 짭짤달달한 새우젓에 반하고 말았다. 우리는 "그래 이 맛이야."라고 두 번 세 번 극찬하며 깍두기를 몇 접시나 더 시켜먹었다.

며칠 후 이금출 시인이 시집 원고를 보내왔다. 그리고 나는 거의 감동의 도가니 속에서 웃음과 눈물을 흘려야 했다. 그녀가 써낸 시편들은 그녀의 삶이었다. 인생이었다. 그녀의 모든 것이었다. 좋은 시의 척도는 여러 가지로 분류된다. 우선 눈과 귀를 현혹시키는 말로 기교와 유희에 매달리는 시가 있다. 우리는 그런 시에 무릎을 치긴 하지만 감동하지 않는다. 두 번째로 사랑이나 그리움 같은 감정에 기대는 시다. 그런 시는 우리의 갈아 앉은 정서를 끌어올려주긴 하지만 모호성과 애매성 사이에서 우리를 현혹하고 어리둥절하게 한다. 세 번째로 특별한 장치나 기교를 배제한 진실이 강한 시가 있다. 나는 이금출 시인의 시를 세 번째의 시, 즉 진실이 강한 시로 분류한다. 이 세상에 가장 강한 메시지는 진실이다. 진실이 강한 시는 아무런 수식이 없어도 속에서 북받쳐 올라오는 감동이 있다.

나는 진실이 강한 시를 꼽으라면 나와 종인(宗人)인 단연 김종삼 시인의 시를 꼽는다. 여기서 김종삼 시인의 「장편 · 2」 라는 시를 읽어보자. "조선 총독부가 있을 때 / 청계천 변 10전 균일 상 밥집 문턱엔 / 거지 소녀가 거지 장님 어버이를 / 이끌고 와 서 있었다 / 주인 영감이

소리를 질렀으나 / 태연하였다 // 어린 소녀는 아버지의 생일이라고 / 10전짜리 두 개를 보였다." 나는 이 시를 읽고 한동안 가슴이 먹먹해 감정을 주체할 수가 없었다. 거지 소녀가 거지 장님 어버이의 생일이라고 구걸해 모았을 10전짜리 두 개를 보이며 자신은 먹지 않아도 좋으니 어버이에게 밥을 달라는 당당한 모습에서 진실은 최고의 수식이라는 말을 해본다. 더 무슨 기교가 필요할까?

김종삼 시인의 「민간인」이란 시 한 수를 더 읽어보자. "1947년 봄 / 심야(深夜) / 황해도 해주의 바다 // 이남과 이북의 경계선 용당포 / 사공은 조심조심 노를 저어가고 있었다. / 울음을 터뜨린 한 영아를 삼킨 곳 / 스무 몇 해나 지나서도 누구나 그 수심(水深)을 모른다"라는 시다. 1947년, 전쟁이 감지된 북한 땅에서 월남을 하는 한 민간인의 일화를 그린 시다. 얼마나 긴박하고 무서운 밤이었을까? 울음을 터뜨린 영아를 잠시 물에 담갔다가 끝내 숨졌다는 가슴 아픈 진실은 더 이상 기교가 필요치 않은 최고의 문학이다.

김종삼 시인의 「북치는 소년」이란 시가 있다. 그 시의 배경이 된 이야기는 제1차 세계대전으로 거슬러 올라간다. 프랑스의 군대에 북치는 소년이 있었다. 독일군에게 크게 패하고 있는 상황에서 북치는 소년에게 상관은 '후퇴하라'며 후퇴의 북을 칠 것을 명령했다. 그런데 소년은 '진격하라'는 방법밖에 배우지 않고 참전한 상태였다. 북치는 소년은 죽을힘을 다해 북을 쳤다. 전황이 불리하던 프랑스 군들은 점점 거세지는 북소리를 듣고 지원군이 온줄 알고 사력을 다해 싸웠고 마침내 전투에서 승리했다. 그러나 북치는 소년은 장렬하게 전사하고 말았다. 이 뜨거운 진실 앞에 무슨 말이 필요하겠는가?

내가 왜 자꾸 김종삼 시인의 시 이야기를 하고 있을까? 그것은 그만큼 이금출 시인의 시에는 최선의 진실이 들어 있어 너무나 큰 감동을 주기 때문이다. 이금출 시인은 우리에게 여러 가지의 교훈을 준다. 그가 존경하는 것은 세종대왕이나 슈바이처가 아니라 순대다. 그녀의 삶을 일으켜주고 배부르게 해준 순대는 아마도 그녀가 존경해야 할 더 없이 성스러운 존재였을 것이다. 그녀는 "예배당 음악당 서당 사당 경로당"과 같이 '당堂'은 성스러운 곳에 붙이는 말이니 '식당은 성당'이라고 말하는 사람이다. 평범한 곳에서 진리를 찾고, 사소한 것에서 행복을 찾는 것이 문학의 목적이라면 나는 서민으로 서민 속에서 서민을 위해 함께 부대끼며 살아온 이금출 시인의 시가 최고의 시라 말하고 싶다. 그럼 이쯤에서 이금출 시인의 시 몇 편을 읽어보면서 '진실을 통한 존경과 흠모의 대상 이전' 과정을 함께 여행해 보자.

내가 가는 길목에 큰 바위가 버티고 있다
바람과 비에도 끄떡하지 않는 바위
어찌 할 수 없지만
나는 밀어내려고 애썼다
계란으로 바위치듯 온몸으로 부딪치며 소리쳤다
다른 길로 달리고 싶던 젊은 날
큰 바위는 내 앞길을 가로막았다
나를 에워싸 먼 곳을 볼 수 없게 만들었다
어느새 내 손은 바위를 미느라 두꺼워 지고
내 몸은 구릿빛으로 물들었다

하는 수 없이 큰 바위에 등을 기대어
원망으로 하늘을 바라보았다
순간 깨달았다
나는 기댈 언덕이 있었던 것이다
바위는 나의 요새를 막아주는 성
비바람에도 넘어지지 않고 기댈 언덕
그것은 가족이었다

-「바위論」 전문

옛날에 큰 산 밑에 집을 짓고 사는 사람이 있었다. 그런데 산사태가 일어나 그의 집안 가운데 큰 바위가 굴러들어왔다. 이사를 갈 여유도, 바위가 너무 커서 꺼낼 엄두도 나지 않던 그는 이러지도 저러지도 못하고 가난하게 하루하루를 살고 있었다. 그러던 중 한 스님이 시주를 하라며 문밖에서 목탁을 두드렸다. 그는 스님을 불러 하소연했다. “집안에 이렇게 큰 바위가 굴러들어왔는데 이를 어쩌면 좋을까요?” 스님이 그에게 말했다. “매일같이 일어나면 1시간 동안 이 돌을 있는 힘을 다해 밀으세요. 그러면 이 바위는 10년 되는 날 밖으로 밀려나게 될 것입니다.” 그리고 그 스님은 떠나갔다. 어언 10년째, 그 스님은 그 집을 찾아갔다. 분명 그 집터인데 그 집은 대궐 같이 큰 집으로 변해있었다. 스님이 목탁을 두드렸다. 집 주인은 화가 나 뛰어나오며 “이 땡중 놈아! 내가 너 때문에 얼마나 고생한 줄 알아?”라며 스님을 죽일 듯이 덤벼들었다. “허허, 어떻게 이렇게 좋은 집을 지으셨소.” 스님이 웃으며 말했다. “그거야 내가 열심히 일해서 지었지. 그게 무슨 상관이오!” “그것 보시오. 내 그 당시 당신을 보아하니 나

약하고 왜소하기 짝이 없었고, 아마도 당신이 10년 동안 그 바위를 미느라 건강해졌을 거요. 건강해지니 일할 힘이 생겨났고, 그 돌 걱정보다 밖에서 일하느라 바빴으니 걱정이 마음속에서 저만큼 밀려갔으니 당신이 부자가 된 것이 아니오?" 그때야 그는 무릎을 꿇고 스님에게 큰 절을 올리며 큰돈을 시주했다.

나는 산속에 살던 사람처럼 이금출 시인의 집안에 시련의 바위가 굴러왔다는 생각을 해본다. 이금출 시인이 이 일화를 알고 있는지는 알 수 없다. 이금출 시인은 자신의 앞길을 막는 "바람과 비에도 끄떡하지 않는 바위"를 피해 "다른 길로 달리고 싶던 젊은 날"이었다고 한다. 신혼시절 경제적으로 힘이 부친 이금출 시인에게 태어나는 아이와 부모는 밀어낼 수 없는 바위와 같은 존재였을 것이다. 그래서 앞길을 막는 존재로 원망했을 것이다. 한치 앞을 내다볼 수 없는 상황에서 바위를 밀어내느라 손에 굳은살이 박였을 것이다. 그런데 가족은 밀어내고 싶은, 앞길을 막는 바위가 아니라 이금출 시인이 깨달은 것처럼 기댈 언덕이다. 그래서 그녀는 "바위는 나의 요새를 막아주는 성 / 비바람에도 넘어지지 않을 기댈 언덕 / 그것은 가족이었"다고 말한다. 살면서 많은 사람들이 이혼을 하거나 자살을 생각한다. 그럴 때 그런 나쁜 생각을 막아주는 것이 가족이다. 가족이란 반석과 같이 단단한 존재다. 젊은 나이에 그런 이치를 깨닫고 열심히 살아준 데 대하여 이웃으로 감사하다.

> 순대를 만들려고 돼지 창자를 손질한다
> 속을 뒤집을 때 나는 냄새에

내 몸도 냄새가 밴다
몸에서 나는 냄새야 씻고 화장품을 바르면 없앨 수 있지만
마음에서 냄새나지 않기를 바라며 나는 시를 읽고 쓴다
밀가루와 소금으로 창자를 닦는다
내 마음도 남들이 좋아할 때까지 닦고 싶다
잘 닦은 창자에 신선한 야채와 선지로 속을 채운다
내 창자도 신선한 꿈과 열정으로 채우고 싶다
핏물이 벌건 순대를 찜통에 쪄낸다
어느새 반짝이는 색깔과 쫄깃한 맛으로 바뀌어 있다
뜨끈뜨끈한 순대를 딸막딸막 토막내 손님상에 내놓는다
젓가락 부딪는 소리와 막걸리 넘어가는 소리가 들린다
하루일과에 지쳤던 사람들의 순대가 채워지자
목소리가 돼지처럼 힘차고 괄괄해진다

나는 순대를 존경한다
죽어서도 당당히 내면을 채워
서민에게 힘을 주는 순대를 존경한다
순대는 오랜 시간동안 가난을 물리쳐주고
용기를 주는 나의 유일한 스승이었다

– 「순대를 존경하다」 전문

언젠가 김동호 시인의 시를 읽은 적이 있다. 김동호 시인은 석가모니 예수 공자를 존경하지만 비단 그가 존경하는 것은 그분들뿐만이 아니었다. 그는 "비보나치 수열로 씨를 배열하여 작은 면적 속에 가장 많은 말씀을 박아 넣은 해바라기도 존경한다. 태평양 넓은 바다에 나가 신나게 걸판지게 한바탕 신나게 놀고 어른이 되어 설악산 모천으로 돌아오는 연어들과 한강 상류로 회귀하는 장어들도 존

경한다. 펄펄 끓는 물에서 사는 미생물이나 영하의 온도, 높은 수압에서 사는 미생물들, 산소 없이도 살아가는 바이러스도 존경한다. 그는 누룩곰팡이와 박테리아와 지렁이까지 존경한다."고 했다.

그것이 배움의 자세다. 지식인의 자세다. 시인의 자세다. 이금출 시인이 그래서 크게 보인다. 이금출 시인은 순대를 존경한다고 말한다. 배고픔을 물리쳐준 순대, 가난을 물리쳐준 순대, 자식들에게 과자를 사줄 수 있게 하고 공부를 시킬 수 있게 해준 순대. 집을 살 수 있게 하고 부모노릇을 할 수 있게 했으며 30년이란 긴 세월동안 동고동락해온 순대가 이금출 시인에게는 어떤 위인보다 큰 위인이다. 지금까지 이금출 시인을 울린 것도, 먹인 것도, 잠재운 것도, 놀아준 것도, 가르친 것도 순대였다. '장장 30년의 세월동안 순대가 있어 행복했다'는 시인은 "나는 순대를 존경한다"라고 말한다. 다들 이순신이나 세종대왕 퀴리부인을 존경할 텐데, 한 발 더 나아가 어머니를 존경하거나 선생님을 존경할 텐데 이금출 시인은 당당히도 "순대를 존경한다고 말한다." 그것은 아마도 "죽어서도 당당히 내면을 채"워 "서민에게 힘을 주는" 구절 때문이었을 것이다. 서민에게 어디 순대만한 것이 있으랴. 고된 노동을 격려하고 깊은 슬픔을 다독인 순대에게 감히 어떤 위인이 명함을 내밀 수 있을까? 그러니 "순대는 오랜 시간동안 가난을 물리쳐주고 / 용기를 주는 나의 유일한 스승이었다"라고 말하는 이금출 시인에게 나는 순대처럼 당당한 패기와 모두를 아우를 수 있는 지혜를 배운다.

25년째 내 식당 주방에는 불 꺼지지 않고
고기 삶고 내장 속에 야채 넣어
내 마음도 함께 채워간다
자녀 가르치고 이웃과 함께한 사연
어머님과 함께 정으로 키워온
오래된 함경도 순대집

사람들은 식당을 경시하는 경향이 있지만
예배당 음악당 서당 사당 경로당 식당
모든 성스러운 곳에는 당堂자가 들어있다

대를 물려 오시는 손님은 친척 같고
삼대를 내려온 우리 순대집
나도 시어머니가 되고
가끔씩 며느리가 와서 일손을 도와줄 때면
성스런 내 식당이 너무도 자랑스럽다

– 「식당은 성당이다」 전문

나는 이금출 시인의 이 시집을 내며 음식점에 그렇게 거룩한 이름을 붙인 조상들의 지혜에 감동했다. 이 세상에 음식점만큼 행복감을 주는 곳은 없다. 토속음식은 그 나라의 민족의 동질성과 성품을 이어주는 매개체다. 오랜 세월 동안 농업 국가였던 우리나라에서 소는 성스런 짐승이라 음식의 대상이 아니라 부축적의 상징이었다. 반면 돼지는 서민과 직결된 삶의 상징이었다. 나는 어릴 때 자주 돼지를 잡는 모습을 목격했다. 내가 초등학교 2학년 때 아랫집에 사는 누이가 시집을 가는데 돼지를 잡아 고기를 만들고, 돼지의 큰창자를 다뤄 직접 순대를 만들어 손님상에 내놓는 것을 목격했던 생각이 떠오른다.

우리 동네는 지금도 매년 봄이면 60Kg(100근)의 돼지를 잡아 한적한 산에 따로 마련된 신성한 제단 위에 올리고 기우제성 제사를 지낸다. 이를 산치성이라 했는데, 그해 20세가 되는 청결한 청년에게 깨끗하게 손질된 돼지를 얹은 지게를 지고 제단까지 가게 한다. 어른이 될 자격이 있느냐 하는 성년식 같은 의식도 겸했던 것이었다. 그리고 그 돼지부속을 넣은 국에 시루에 찐 조밥을 뭉친 주먹밥을 한 덩이씩 넣어 참석한 모든 사람들과 나눠먹고 돼지고기는 참가자들에게 싼 값에 팔아 행사비를 마련한다. 그렇듯 돼지는 우리 삶에 뗄 수 없는 관계였고, 우리의 건강과 이웃의 화목을 책임져주는 전령 같은 존재였다.

우리 민족에게 돼지는 성스러운 존재이다. 기우제를 지내거나 치성을 드릴 때 제단에 올리는 첫 번째 제물이 돼지였다. 나는 무당이 굿을 할 때 돼지를 통째로 지고 뛰든지 창칼에 꽂아 흔드는 것을 보았다. 돼지는 신과 인간을 이어주는 신성한 매개물이었다. 이 대목에서 식당은 성당이라는 이금출 시인의 주장이 너무나 설득력 있게 맞아 떨어진다. 성당, 성황당, 예배당, 공회당 같이 사람이 모이고 안녕을 비는 성스러운 곳에 당을 붙인다면, 식당이야말로 가장 사람들이 많이 모이고 목구멍이 포도청이라 했으니 가장 성스러운 곳이 아닐까? 이금출 시인은 그런 돼지의 부속물과 순대장사를 수십 년 동안 해왔다. 6.25동란 때 황해도에서 월남한 시어머니와 함께 창업해서 현재에 이른 것이다. 온전히 사람의 먹을거리만을 만들어 파는 직업 식당, 참으로 성스러운 직업을 가졌다는 생각을 해본다.

늦게 시작한 공부가 꿀맛이다
피타고라스며 함수와 연립방정식이 머릿속에서 춤추고
팝송에 내 젊음이 노래하고 있다
세상을 일찍 배워 적당한 슬픔을 지닌 가슴으로
만학들은 서로 진한 우정의 차를 건넨다
눈이 침침한 언니
영어가 안 되는 언니
누구라도 사연을 들으면 드라마가 되고
어린아이처럼 순수함 넘치는 교실은 열정이 피어난다
돌아 돌아서 늦게 만난 배움의 즐거움을
그 어디에 비할까
선생님들의 개성에 웃음꽃이 피고
사는 이치를 다시금 다잡아
역사를 배우며 나의 역사를 기록한다

— 「만학의 기쁨」 전문

시인은 지금 한국방송통신대학교 국어국문학과 3학년에 재학 중이다. 공부할 수 있다는 것만으로도 우리는 큰 기쁨을 얻는다. 수많은 사람들이 나이가 들어갈수록 포기하는 것에 길들여진다. 스스로를 가두는 것에 길들여진다. 그리하여 스스로 늙는 것에 길들여진다. 그런데 그녀는 환갑이라는 나이에 20살에 했어야 할 공부를 하고 있다. 뒤늦게 시작한 공부라 힘들다. 영어도 쪼들리고 한자도 쪼들린다. 과제물을 내야하는 일도 버겁고 외워서 써야 하는 출석시험도 버겁다. 게다가 여섯 과목을 한꺼번에 공부해야 하는 기말시험은 과히 전쟁이다. 틈틈이 공부하면 되겠지만 말이 쉽지, 고령과 일인 다역의 방송대 사람들에게는 밥이 입으로 들어가는지 코로 들어가는지 알 수 없을 만큼 바쁜 일과 속에서 하는 공부라 거의 기적과 같은 일이다. 그런데 못할 것도 없다. 이제 산전수전 다 겪은 나이다. 폭풍우가 몰아쳐도 잠깐이겠지 하는 확신이 있다. 망망대해에 홀로 있더라도 '그까짓 것 죽기 아니면 까무러치기지'란 배짱이 있다. 사막에 고립되어 있다 할지라도 마음의 오아시스를 찾으러 가는 희망이 있다. 인생은 전력질주가 아니라 걷기 게임이다. 쉬엄쉬엄 걸어가면 유턴 지점이 나오겠지 하는 믿음이 있다. 이 시인은 지금 3학년이다. 이제 반환점을 돌아가고 있다. 피니시라인이 멀지 않음을 그녀는 안다. 숨이 가쁘고, 다리에 알이 배오는 건 나만 그런 것이 아닐 것이다. 동료들과 살아온 이야기, 사는 이야기, 꿈 이야기를 나누며 가다보면 골인지점이 보일 터, 1등이 아니라도 좋다. 인생 경기는 누가 1등인가에 대한 우열을 가릴 수 없는 경기다. 내가 꼭 하고 싶었던 그 일을 해내면 내가 바로 1등이다. 여행지로 사람을 태우고 가는 것은 비행기나 기차지만, 여행지로 사람을 이끄는 것은 꿈이다. 꿈은 계속해서 진화한다. 인류는 꿈이라는 크나큰 에너지를 가졌기 때문에 이토록 눈부신 성장을 했다. 지금 그 성장의 대열에 이금출이라는 나무 한 그루가 성장하고 있다. 나무가 곧게만 자랄 필요는 없다. 바람에 구부러지고 부러진 나무일수록 가치가 높다. 이제 고지가 멀지 않다. 골인지점을 향해 더욱 분투하시길 응원한다.

대문 곁에 아버지의 자전거가
누워서 잠을 자고 있다

짐자전거 하나로

우리들의 삶을 실어 나르셨던 아버지

일곱 가솔들의 입성과 먹성을 위해
가득 싣고 오르며 적삼은 축축했을 터

삭아버린 아버지의 육신처럼
던져진 그대로인 채 누워있다

이제는 녹슬어버린 자전거가
세월에 지쳐 쉬고 있다

– 「고장 난 자전거」 전문

누구에게나 아버지에 대한 사연이 있다. 이 세상 모든 사람은 아버지로부터 시작되었다. 나의 삶은 아버지로부터 비롯되었다. 모든 유년의 딸들에게 아버지는 기댈 언덕이고, 우러를 산이고, 만능의 하나님이었다. 자전거가 가솔들의 먹을거리를 책임지던 시절이 있었다. 나는 포천시 군내면 이모님 댁에서 고등학교를 다닌 적이 있다. 군내면은 포천시장과 약 4km정도의 거리에 있는 동네다. 포천시장은 서울의 청량리 시장과 가까운 이점이 있어서 날마다 새벽 4시면 새벽시장이 섰다. 포천시장의 인근에 사는 사람들은 시장에 농산물을 내다 팔아서 자식들을 길러냈다. 이모님댁엔 식구가 13명이나 되었다. 증조할머니, 할아버지 할머니, 이모님 내외분, 그리고 아들 하나에 딸 일곱……. 그런 대 식구 속에 내가 들어가 학교를 다니려니 사연도 많았다. 8대독자로 살아온 이모님은 아들 하나 더 얻어 보려고 아들 하나 낳고 줄줄이 딸 일곱을 낳으셨다.

그러니 그 많은 딸들을 가르치기 위해 손에 흙 떨어질 날 없이 사셨다. “너희들이 필요한 돈은 너희가 만들어라.” 이모님의 가르침은 지엄했다. 사진값, 체육복값, 실래화값, 수학여행비를 내려면 사촌누이들은 매일 밤 시장에 내다 팔 부추, 시금치, 강낭콩, 동부, 계란, 열무 등의 농산물을 묶어내야 했다. 그렇게 일을 해도 사촌누이들은 모두 공부를 잘했다. 새벽 다섯 시면 이모부님은 짐자전거에 밤새 묶어낸 농산물보따리를 산더미처럼 싣고 시장으로 향하셨다. 시장에서 물건을 팔고 나면 허기가 몰려왔을 터, 새벽에 마시는 해장술 한 잔은 이모부의 유일한 낙이었다. 한 잔이 두 잔이 되고 잔 수가 늘어나면 이모부는 버스종점 옆에 자전거를 세워두고 버스를 타고 들어오셨다. “순진아, 이따가 수업 끝나면 차부 옆에 있는 자전거 타고 들어오너라.” 언덕길이라 내려갈 때는 힘들이지 않고 시장에 갈 수 있지만 핸들 옆에 철근을 다섯 개씩 잇댄 자전거, 짐칸을 철근으로 늘려 만든 자전거는 매우 무거웠다. 작고 단단하셔서 박달나무라 불리던 이모부가 한 잔 잡숫고 타고 돌아오기는 언덕이 너무 힘들었을 터, 늘 자전거를 되가져오는 것은 나의 몫이었다.

이금출 시인의 시 「아버지의 자전거」를 읽으니 가슴이 뭉클해진다. 대문 곁에 잠들고 있는 자전거 생각을 하니 이모부 생각에 눈물이 핑 돈다. 이금출 시인의 말처럼 “짐자전거 하나로 / 우리들의 삶을 실어 나르셨던” 우리들의 아버지였다. 짐자전거 “일곱 가솔들의 입성과 먹성을 위해 / 가득 싣고 오르며 적삼은 축축했을” 아버지의 등이 그립다. “삭아버린 아버지의 육신처럼 / 던져진 그대로인 채

누워있"는 "이제는 녹슬어 버린 자전거"가 우리의 심금을 울린다. 다음 두 편의 시를 읽으며 가족에 관한 이야기를 더 나눠보자.

정월대보름에 고사리를 삶는다

제주도 사는 오빠가 직접 채취해 말린 고사리나물
그 부드러움은 오빠를 닮아있다

잘 지내지,
모처럼 들려오는 전화기 속의 오빠의 목소리가
고사리나물의 부드러운 맛으로 나를 사로잡는다

아기의 고운 손가락처럼
형제들과의 추억이 아장아장 걸어나오고 있다

고향의 맛으로 형제는 정을 쌓는다
고사리를 먹는데 귀에서 오빠의 목소리가 들린다

— 「고사리 오빠」 전문

이금출 시인이 사람을 대하는 눈은 다르다. 그의 눈에 오빠는 고사리로 언니는 푸른 숲으로 보인다. 앞서 말한 바와 같이 이금출 시인은 존경과 흠모의 대상이 환치된다. 그가 존경하는 것은 페스탈로치나 슈바이처가 아니라 순대이며 고사리이고 푸른 숲이다. 어려운 삶을 이끌어주고 먹여살려 준 순대는 시인에게 있어 최고의 스승이자 흠모의 대상이었을 것이다. 보통 시인들이라면 '제주도 오빠'라는 제목의 시를 쓸 수 있다. 조금 더 생각해보면 '큰오빠'나 '오라버니'

정도의 제목으로 시를 쓸 수 있다. 그런데 이금출 시인은 제주도 오빠나 큰오빠가 아닌 「고사리 오빠」라는 제목의 시를 써냈다. 고사리는 어떤 존재인가? 우선 중국의 고사에 나오는 '백이'와 '숙제'가 생각난다. 주(周)나라의 무왕이 왕위에 올라 은(殷)나라를 정벌하려 했을 때 백이와 숙제가 그 정벌의 적절치 못함을 간청했으나 무왕이 듣지 않았다. 그러자 두 사람은 주나라의 녹을 받은 것을 부끄럽게 여겨 수양산에 들어가 고사리만 뜯어 먹다가 굶어 죽었다는 고사에서 유래한다. 백이와 숙제는 형 이공(夷公)과 아우 제공(齊公)을 가리키는 호칭으로 고사리는 청백리의 상징이다. 고사리는 원래 독초다. 삶아 오랫동안 물에 우려냐 독소를 빼내야 먹을 수 있는 서민의 음식이다. 그러니 제주도에 사는 오라버니는 여동생에게 있어 삶의 독소를 빼주는 부드러운 고사리라 해도 좋을 것 같다.

복사꽃 같이 환한 미소에
동생들의 마음은 평안해진다
엄마처럼 늘 세심하게 챙겨주고
무슨 하소연이든 받아주는 언니
아카시아꽃 같은 언니
늘 부지런한 언니가 있어
우리는 든든했지
탐스런 포도처럼 달콤함으로
동생들을 다독이고 감싸 안는 맏언니

언니는 우리에게 아낌없이 피톤치드를 내주는
푸른 숲이다

– 「푸른 숲 언니」 전문

동생에게 언니는 늘 숲처럼 안아주는 존재다. 그러니 이금출 시인은 언니를 세 가지 나무들이 들어선 숲으로 생각한다. 우선 그가 생각하는 것은 복숭아나무다. 복숭아는 무릉도원, 즉 이데아의 상징이다. 이데아란 인간이 가고 싶은 최상의 가상세계다. 언니를 그런 이데아의 상징인 복사꽃으로 비유한다는 것은 그가 언니로부터 받은 안락이 얼마나 소중한가를 잘 말해준다. 두 번째로 그는 언니를 아카시아나무로 비유한다. 아카시아는 신부 혹은 순결의 상징이다. 순백의 아카시아 꽃, 그 그윽한 향기는 많은 사람들에게 설렘을 준다. 어릴 때 해마다 6월이면 아카시아 꽃을 따먹으며 자랐다. 따라서 아카시아로 표현한 것은 동생들의 유년시절까지 감싸 안는 언니를 표현한 것으로 봐도 좋겠다. 세 번째로 그는 언니를 탐스런 포도나무로 비유한다. 포도주는 예로부터 세례에 쓰일 정도로 귀한 나무다. 성경에도 노아가 포도원을 가꾸었다고 적혀 있는데 포도나무란 한 알 한 알 알알이 채워가는 정성의 상징으로 생각된다. 그에게 있어 언니는 정성의 상징이요 하나의 종교다. 그러니 그는 "언니는 우리에게 아낌없이 피톤치드를 내주는 / 푸른 숲이다"라고 말할 수 있는 것이다. 시는 비유다. 어떻게 비유하느냐에 따라 시의 완성도는 급물살을 타고 독자의 공감에 이른다. 인용시 「고사리 오빠」 와 「푸른 숲 언니」 을 보면 그가 평소에 어떤 비유를 하는지 알 수 있다.

너무나 큰일을 만나면 저절로 무릎을 모으고
통곡하듯 기도하게 된다
되돌아보면 누구라도 그런 일들이 있을 터

진정한 기도는 마음 깊은 곳에서 우러나
자기반성으로 이어져야 해
기도는 보이지 않는 몸부림 의지하고픈 손짓이다
사고를 당했을 때 자식이 아플 때 내 자신이 초라해 보일 때
끊임없이 조용한 기도를 올려야 해
고요한 마음의 정원을 가꾸어 그곳을 거니는 내면의 성숙에
한껏 아름다운 소리를 듣는 지혜로운 자로 거듭나야 해

그래서 시는 그런 마음을 달구고 소생시키는 힘이 있어야 해
진정한 시인은 투쟁하는 사람
시인은 사람을 깊이 사랑하기에 어떤 부정이나 사악에도
눈을 뗄 수 없지
사람이 사는 이유는 꿈이 있기 때문인 것
시는 기도여야 하고 기도는 시여야 해

산언덕에서 사글세 살던 생각을 해본다
매일매일 가슴을 압박하며 밀려오던 사글세

사글세가 동쪽에서 떠 서쪽으로 지던 날들이었다
하늘은 온통 허기지고 가난했다

—「시와 기도」 전문

이 시는 이금출 시인이 시를 어떻게 생각하고 있는가에 대하여 잘 나타나있는 시다. 여자란 기도하는 사람의 전형이다. 예로부터 인류의 남자들은 전쟁터로 나가거나 바다 같은 험난한 오지로 떠나야만 하는 존재였다. 높은 곳에 올라 위태로운 난간에 매달려 집을 짓는 존재였고, 땅 속으로 들어가 무연탄이나 광물을 캐는 존재였다. 그러니 집

에 남은 여자들은 늘 기도를 올려야 했다. 그것이 크게 집단화하지 못하면 토템이라고 하고 샤먼이라 이름 지어졌고, 버젓한 건물을 짓고 사람을 모으면 그것을 종교라는 이름, 신앙이라 이름으로 불려졌다. "주여, 부처님, 하느님, 하나님, 아버지" 그것은 집단화된 종교에서의 '신神'을 부르는 공인된 이름이었고, 토템이나 샤먼에서의 신은 땅을 지키는 토지지신님, 집을 지키는 성황님, 바다를 지키는 용왕님, 하늘을 지키는 옥황상제님 등 수많은 신들이 살았다. 그들은 불경이나 성경처럼 교리가 있거나 전문화되지 못함으로 인해 미신이라 불렀다. 그러나 우리 민족들은 이를 천지신명이라 부르거나 신령님이라 불렀다. 그런데 6.25동란 이후 가난을 면치 못했던 우리 민족은 이들 신에게 바치는 제주나 음식물조차 법으로 제한해 미신타파라는 이름으로 말살했다. 따라서 우리는 우리 민족과 함께 수천 년을 살아온 신들을 가난이란 이름으로 굶겨 죽였다. 이 아름다운 신들은, 집터에 사는 성황신, 산에 사는 산신, 물에 사는 용왕신, 하늘에 사는 옥황신을 죽이고도 우리는 너무나 태연했다. 우리는 우리 민족을 굽어 살펴준 이 아름다운 신들을 신격화해 『그리스 로마 신화』처럼 걸출한 작품으로 만들지 못하고 사장시켰고, 유럽 사람들은 작품 속에 녹아내 세계인의 신으로 군림하게 만들었다. 기독교와 불교 두 가지 종교를 제외한 모든 신앙행위를 이단이라는 이름으로 말살했다. 나는 그렇게 생각지 않는다. 우리네 어머니들은 비가 오면 "비 오시네"라 하고 눈이 오면 "눈 오시네"라며 인간이 스스로 눈비를 뿌리는 것이 아니라 하느님, 하늘님, 하나님으로 일컬어지는 절대자의 행위에 대하여 복종하며 순응했다. 이는 미신으로 보면 안 된다. 문화로 보아야 한다. 그리하여 동화나 문학작품 속에 녹아내려야 한다는 게 필자의 생각이다. 이금출 시인은 은평성결교회 권사다. 그렇지만 그녀가 습관처럼 기도를 하는 것도 우리네 어머니들의 오랜 기도 습관에서 비롯된다고 볼 수 있다. 이금출 시인의 신앙은 독실하고 반석 같아 많은 신앙인들이 우러르지만 우리네 어머니들의 기도 DNA는 자식들이나 자신 앞에 어려운 일을 만나면 무조건 '주여!', '아버지'라 부르며 기도부터 하는 것이 이런 기도 DNA로부터 비롯되었다고 할 수 있다.

결혼 후 내 생일에 그가 고기 한 근 끊어와
큰 솥 가득 미역국을 끓였다

밤이 되면 산언덕 아래가
별나라에 온 듯 불빛으로 황홀했다

저 많은 집들 중에
우리는 언제나 집을 살까

둘이 누워도 좁은 방이었지만
우리는 구름을 타는 꿈으로 잠이 들었다
지금은 대궐 같은 집
가난했던 이야기가 행복의 책으로 엮어지고 있다

–「행복을 엮다」 전문

이제 이금출 시인의 말처럼 행복이 엮어지고 있다. 우리는 지나간 시절을 '가난'이라 말하지만, 그것은 행복이었다.

시인에게 산언덕에 살던 신혼시절이 불현 듯 다가온다. 내려다보면 수많은 불빛이 반짝이는 서울 하늘 아래서 내 집이 없는 설움을 겪었다. 오로지 사랑 하나로 견뎌왔다. 지금도 두 부부는 남편은 요리사로 아내는 홀 서빙과 계산을 보며 같은 공간에서 일을 하고 있다. 고난이 없으면 무용담을 말할 수 없다. 남자들이 술자리에서 군대 이야기가 나오면 너도 나도 말을 끊고 나와 자기의 고난 시절을 이야기할 수 있는 것도, 실제로 평탄했던 젊은이들의 삶에 군대생활은 매우 큰 파도였고 태풍이었기 때문이다. 우리네 부모님들은 일본강점기시대의 핍박과 6.25동란의 아픔, 그리고 보릿고개로 대표되는 배고픔에서 자유로울 수 없었음에도 우리나라를 이토록 눈부신 성장으로 이끌었다. 그런데 반해 지금 세대는 오로지 개인의 영달만이 목표다. 너무 비싼 승용차를 사서, 너무 계획 없이 카드를 써서, 너무 휴대폰 게임을 많이 사용해서, 너무 비싼 옷을 사서, 너무 술값이 많이 나와서 신용불량자가 되는 사람을 자주 본다. 필자는 그런 생각을 해보지 못하고 살아왔다. 남들이 자주 가는 당구장에도 가보지 못하고 살았다. 나는 내게 사치를 안겨주지 못하고 살았다. 오직 책 한 권 사는 것을 우일한 낙으로 알고 살았다. 30세 초반에 박스공장에 다니던 시절을 생각한다. 10만원 조금 넘는 월급으로 우선 저축을 하고, 분유를 사놓고 나머지를 쪼개 쓰던 시절이 있었다. 이금출 시인의 신혼도 그랬을 것이다. 그녀도 산언덕에 살면서 남편이 끓여주는 쇠고기미역국에 행복했고, 둘이 누워도 좁은 방에서 머나먼 미래를 꿈꾸었을 것이다. "밤이 되면 산언덕 아래가 / 별나라에 온 듯 불빛으로 황홀했"다고 말하지만 그것은 슬픔을 간직한 황홀함이었을 것이다. 이제 그녀는 대궐 같은 집에 산다. 그리고 그 "가난했던 이야기가 행복의 책으로 엮어지고 있"다. 참으로 장하다. 그 오랜 시련을 딛고 행복이 엮어지고 있는 것이다.

이상에서처럼 이금출 시인의 시 몇 편을 읽으면서 그의 시세계를 살펴보았다. 사람들은 내게 주례사비평을 쓴다고 한다. 그런데 그것은 모르는 말이다. 많이 배우고 잘 배우고 일찍 배운 사람들의 시와 이금출 시인처럼 늦게 배우고 어려운 상황에서 배운 시는 다르다. 나는 이금출 시인의 시집에 주례사비평을 쓸 수밖에 없었다. 이금출 시인이 이토록 깊은 사유와 이토록 다양한 수사법의 시를 써낼 줄은 몰랐다. 사람들은 숲은 보았는데 나무를 보지 못했다고 말한다. 나는 이금출의 시에서 숲의 어울림도 보았고 잡목들의 아름다움도 보았다. 그 마음의 숲에 흐르는 마음물소리가 들린다. 그 숲에 주렁주렁 열린 꿈의 열매를 따먹어보자. 그 숲에 사는 맑은 새소리를 들어보자. 그 숲에 사는 노루 토끼의 역동성 있는 순수의 발자국 소리를 들어보자. 이제 그의 시 숲이 시집으로 인쇄되어 나온다. 그의 깊고 그윽한 마음 숲 그늘에 잠시 삶의 고단함을 내려놓고 편히 쉬어보자. 첫 시집 상재를 진심으로 축하드린다.

이 도서의 국립중앙도서관 출판예정도서목록(CIP)은 서지정보유통지원시스템 홈페이지(http://seoji.nl.go.kr)와 국가자료공동목록시스템(http://www.nl.go.kr/kolisnet)에서 이용하실 수 있습니다.

(CIP제어번호 : CIP2018013275)

이금출 시집

순대를 존경하다

초판인쇄일 2018년 05월 3일
초판발행일 2018년 05월 8일

지은이 : 이금출
발행인 : 김순진
편집장 : 전하라
디자인 : 김초롱
펴낸곳 : 문학공원
등 록 : 2004년 3월 9일 제6-706호
주 소 : 우편번호 03382 서울 은평구 통일로 633
녹번오피스텔 501호 스토리문학사
전 화 : 02-2234-1666
팩 스 : 02-2236-1666
홈페이지 : http://cafe.daum.net/yob51
이메일 : 4615562@hanmail.net

※ 책값은 뒤표지에 있습니다.